Augusto Rodríguez

El gran teatro del mundo
Antología personal (2003 - 2015)

Prólogo
Rafael Courtoisie

Nueva York, 2020

El gran teatro del mundo. Antología personal

ISBN-13: 978-1-940075-87-7
ISBN-10: 1-940075-87-4

Design: © Carlos Velasquez Torres
Cover & Image: ©Jhon Aguasaco
Editor in chief: Carlos Velasquez Torres
E-mail: carlos@artepoetica.com
Mail: 38-38 215 Place, Bayside, NY 11361, USA.

© El gran teatro del mundo. Antología personal, 2020 Augusto Rodríguez
© El gran teatro del mundo. Antología personal, 2020 for this edition Artepoética Press

All rights reserved. No part of this publication may be reproduced, distributed, or transmitted in any form or by any means, including photocopying, recording, or other electronic or mechanical methods, without the prior written permission of the publisher, except in the case of brief quotations embodied in critical reviews and certain other noncommercial uses permitted by copyright law. For permission requests, write to the publisher, addressed "Attention: Permissions Coordinator," at the address below: 38-38 215 Place, Bayside, NY 11361, USA

Todos los derechos reservados. Esta publicación no puede ser reproducida, ni en todo ni en parte, ni registrada en o transmitida por, un sistema de recuperación de información, en ninguna forma ni por ningún medio, sea mecánico, fotoquímico, electrónico, magnético, electroóptico, por fotocopia, o cualquier otro, sin el permiso previo por escrito de la editorial, excepto en casos de citación breve en reseñas críticas y otros usos no comerciales permitidos por la ley de derechos de autor. Para solicitar permiso, escríbale al editor a: 38-38 215 Place, Bayside, NY 11361, USA.

Augusto Rodríguez

El gran teatro del mundo
Antología personal (2003 -2015)

Prólogo
Rafael Courtoisie

Colección
Rambla de Mar

Contenido

Palabras que sanan	13
Matar a la bestia	17
El animal en mí	19
Contradicciones	20
Mi padre	21
Mi madre	22
Esqueletos	23
El Libro Blanco	25
El beso de los dementes	27
II	41
III	53
IV	67
La enfermedad invisible	79
I	83
La batalla está ardiendo	83
La espada de la enfermedad	87
La batalla está ardiendo	88
Los envenenados	89
Un río invisible nos divide	90
Lenguas desenfrenadas	91
Una cabeza rota que se incendia	92
II	93
Desnudos en la intemperie	93
Esta lengua que no me pertenece	97
Los mapas difusos de su piel	98
Desnudos en la intemperie	99
Un cuerpo inflamado por las llamas	100
Un cuerpo enfermo	101
III	103
La gramática del deseo	103
La gramática del deseo	107
No hay música ni hay manos	108
La sombra del asesino que desconozco	109
Un gato muerto en la calle	110

IV	111
El vacío del cordero	111
El vacío del cordero	115
Las criaturas de la noche	116
El pie que me vigila	117
En la otra orilla	118
El libro del cáncer	119
I	123
Cuadernos de infancia	123
II	133
La ciudad del cáncer	133
III	141
El pez de mi cuerpo	141
IV	153
La última frontera	153
V	167
La fiesta de los condenados	167
Voy hacia mi cuerpo	183
LOS PRECIPICIOS DE LA MENTE	190
IDENTIDAD	193
EN EL LABIO DE LOS PECES	194
Córneas vacías	197
Cabezas quemadas	203
Noche iluminada	209
del cuerpo	209
1	213
Cuerpo abierto	213
2	223
Cuerpo reservado	223
3	231
Cuerpo público	231
4	237
Cuerpo cerrado	237
Las águilas del adiós	245
La sangre de los asesinos	249
Náufragos	250

Historias de infancia	251
Glóbulos rojos	252
Rojos del deseo	253
Las hojas del jardín	254
En la penumbra de esta habitación	255
Estaré a tu lado	256
Mis últimos deseos	257
Hay objetos que los levantamos con la mirada	258
Invocación a los muertos	259
Un alacrán asesino	260
Mandíbulas de caballos	261
Murciélagos de otras épocas	262
El asesinato de la rosa	262
Tu cuerpo es la nieve	264
La máquina artificial	265
El lado más débil de mi cuerpo	266
El llanto de los decapitados	267
11/9	268
El sueño de los desposeídos	269

A los integrantes de Literatura en movimiento

*Así supimos no que había para nosotros
otro mundo
sino que éste no era real*

Juan José Saer

*En la casa de la muerte solo se encuentran
agonizantes lectores*

Enrique Lihn

PALABRAS QUE SANAN

"El Gran Teatro del Mundo" es un conjunto poético donde el resultado es mucho más que la suma de las partes. Es más: ninguna operación aritmética es capaz de reducir o explicar el efecto aluvional cualitativo que produce la lectura de este volumen que es a la vez una antología, una selección de textos previos, una muestra del camino recorrido pero también una absoluta novedad en la cual la extensión permite la perspectiva, el efecto de profundidad que –ahora se confirma- se ha propuesto Augusto Rodríguez como proyecto de trabajo cuya solidez estética se hace evidente.

Eludir el lugar común y buscar la carne metafísica del hueso, patentizar no el dolor sino el pensamiento, la reflexión y el juego estético que surge del dolor en un proceso consciente de construcción, son algunos de los elementos con que Augusto Rodríguez erige su proyecto: una poesía fina y penetrante como una aguja de acero, una poesía cuya extensión es máxima como el concepto de ser pero cuya intensidad, paradójica, extraña, se concentra en un punto de belleza singular insoslayable.

El manejo de la prosa fluida al servicio de un indiscutible ritmo poético que es un ritmo de pensar, un ritmo de hacer con las palabras la realidad consciente, delata al poeta que ha leído y que ha sabido decantar certeramente del universo de lecturas aquellas materias nutricias que se reinventan, que se vivifican en este decir nuevo, en este "trovar" del siglo XXI.

El para texto, el meta texto, el juego de epígrafes se constituye en vectores de señalización de un sentido que se renueva en cada lectura, que se amplifica y multiplica sin anular el sentido anterior.

La figura del padre es uno de los *leit motiv* que figuran en el libro en forma explícita, pero no a la manera kafkiana de "La metamorfosis" sino más bien apostando a la resignificación que el texto hace de la realidad: el texto nos produce, somos realidad a partir del recorrido atento que hacemos de "El Gran Teatro del Mundo".

La discusión sobre lo "sano" y lo "enfermo" nos remite al pensador francés Michel Foucault y hace oportuna la cita de sus muchas páginas de indagatoria en torno a lo "normal" y lo "anormal", en torno a la relatividad epocal de cada una de esos conceptos en su estudio diacrónico.

Por línea ascendente, de Foucault se puede pasar a la mirada antropológica de Claude Levi-Strauss y entonces se descubre que la dialéctica salud-enfermedad planteada en este libro no se resuelve, sino que se plantea, se evidencia, es nada más y nada menos que un artefacto textual de reflexión mediante la construcción de una poesía precisa.

El carácter antológico que pudiera presentar este libro es un aspecto que sirve al aparato crítico para distinguir una poesía de proyecto, una estética planeada y consciente de tanto ex abrupto repentista y sin dirección que hoy día abunda en la blogósfera, en las páginas y páginas sin fin del híper texto contenido en esa maravilla, en esa medusa de signos llamada Internet.

Este es un libro, quien recorre sus páginas recorre una aventura humana concreta (parafraseando a Whitman) pero a la vez tiene en las manos un instrumento de introspección y conocimiento, una herramienta hecha de palabras pero cuyo efecto trasciende las palabras.

Augusto Rodríguez logra, entonces, en esta muestra antológica, un excedente de sentido que se desprende del sintagma y que admite, entre otros, dos adjetivos fundamentales: saludable y exacto.

Rafael Courtoisie

Matar a la bestia

El animal en mí

El cuchillo tiembla en mi puño.
No hay nadie en casa.
Me escondo en el corredor
y sigo pensando
que no hay nadie.
Una sombra cruza sospechosa:
el animal que hay en mí
me incita a atacar
y ataco:
otro muerto más
para que los periódicos
se sigan enriqueciendo
y yo en mi clandestinidad, solo
con hambre
y sin que nadie
me tome una maldita foto.
No hay nadie en la casa.
Me escondo en el corredor
y sigo pensando
que no hay nadie.

Contradicciones

Lo escribiré
trescientas veces en mi piel:
es inútil respirar
cuando tenemos la muerte tan cerca
inútil soñar
cuando sólo tenemos
un vaso de vino por delante
cantar
si no tenemos con que saciar
nuestros apetitos sexuales
la vergüenza
las canalladas
inútil creer en dios
si hemos vivido negando la religión
escupo
sobre mis banales contradicciones
y repito:
todo es inútil
lo escribiré
miles de veces en mi piel.

Mi padre

Mi padre murió en invierno
sólo sé que al fin descansó
de la estrecha cama de todos los días.
Ya no hay ruido, ceremonias
pañuelos, ni rosas blancas.
Al fin, dije yo, descansó de las deudas
de los vicios, de la burocracia.
Mi padre murió en una pequeña alcoba
donde quedan remedios, jeringuillas
alcohol, drogas
sus manos frías, abiertas
y vacías que me tocan con ternura.
Unos ojos blancos y amarillos
inyectados de muerte.
Un cáncer que no silencia
su victoria de sangre, de carne
de vejez inconclusa.
Todos los relojes dan la misma hora
y retroceden
cuando mi padre no era mi padre
sino un hombre
que se abría paso ante la vida.
Mi padre murió en una alcoba de hielo
y su cuerpo cada vez se adelgaza
empequeñece, se evapora
en el aire vacío
la lámpara de alcoba
juega con la materia de su piel.
Sus dientes amarillos
me sonríen
le sonrío
temblando de miedo
aunque de a poco
se convierta en polvo
fugaz.

Mi madre

Mi madre llora
en un rincón de la cocina
su cuerpo se hace pequeño
casi diminuto
las manos tiemblan
sobre su eje.
Su voz suena envenenada
por las palabras verdes de mi padre.
Trato de consolarla
pero no hay consuelo.
Mi madre desea marcharse de casa.
Intento detenerla
sin resultados.
Mi madre es un río caudaloso
que no tendrá nunca
salida al mar.

Esqueletos

No llegarán a la cita
seguramente se fugaron
de la fiesta con la puta más barata.
Encontrarán alguna mesa
beberán aguardiente
e intentarán cruzar al otro mundo.
Sé que no se escaparán
porque les falta mucho por beber
por amar, copular, por escribir.
Siempre recordaré
a los pequeños magos de la miseria:
inventaron con sus cuerpos desnudos
el mejor poema para ganar la victoria
y no quitarse las máscaras
ante los monstruos de cinco cabezas.
Un día no volverán
y tampoco los veré
como los he mirado.
Serán decenas
de esqueletos enterrados en el mundo.
Se sentarán a la orilla del mar
a leer sus mejores poemas.
No seremos nosotros.

El Libro Blanco

El beso de los dementes

*Vivo sin padre y sin especie; callo
porque no encuentro en el osario ciego
del sonido aquellas como frutos
antiguos, las adámicas, redondas
palabras oferentes. Van perdidas
las prietas de salud; quedan vestigios:
astillas, soledad, tierras, estatuas.*

Antonio Gamoneda

I

En el inicio éramos mi padre y yo tomados de la mano en la infancia de nuestro apellido, en la prehistoria de nuestros abrazos y besos, de los viajes a la noche inventada o a la ciudad del alcohol y del tabaco. Nada sacamos a limpio si el mundo no se despedazó con nuestros rezos familiares. Si nosotros no fuimos el mundo, si la tierra que hierve entre nuestras venas no expulsó el infierno que llevamos dentro. Mi padre era un ser de piel silenciosa que llevaba en el corazón la ira, el odio y la condena del tiempo; hombre de sal, de sueños verdes, destinado a padecer debajo de la tormenta de hielo que incendió sus manos; manos que acariciaron mis párpados gastados, que alguna vez miraron cómo el horizonte fue un imperio que se destruyó con el fuego de la selva. Mi padre atravesó la orilla de los muertos para alcanzarme, para alcanzar a sus muertos y decirles que es el hijo de la rabia, de la furia, el hijo de los ángeles violados, el hijo que se fugó de su propio entierro para reinventar los sollozos de las mujeres que tanto amó. Mi padre es la copa rota donde yo bebo sus vicios. Soy su vicio más profundo, su herencia vengativa, la carne miserable que no teme dividir el aire para conquistar lo que desea. Soy su herencia enferma, que asesinará sin piedad a sus verdugos. Su herencia enloquecida, que revivirá cadáveres y bestias, con tal de que su herida expulse el veneno. Mi padre es una habitación abierta de par en par donde yo entro sin zapatos y sin medias, dispuesto a corregir mis errores. Ahí dentro sé que soy bienvenido, pero tengo que guardar silencio, para que su palabra, que es silencio y gozo, me atraviese el tímpano, el cerebelo y cruce mi espina dorsal hasta crucificarse en mi aorta. Tengo que aprender a defenderme de sus espejos y dioses furiosos: como tigres se me lanzan al círculo e impulsan a pelear con mis manos heridas. Solo acepto con honor su invitación y nos debatimos.

II

Mi padre murió sin dejar testamento: su único legado fueron los zapatos gastados, su brújula, cuadernos y su mapa del mundo, donde yo aprendí cómo se enciende el fuego de las palabras que están condenadas. Aprendí que el lenguaje es una jaula que vuela por las lenguas de los amantes, de los asesinos en serie, de los sádicos, de los locos de remate, de los forasteros y de los mendigos que almuerzan una rata hervida. Mi padre escribió un libro que nunca terminó, por falta de dedos, de horas, de mujeres livianas para el sexo, de metales que nunca le dieron la tranquilidad anhelada, la felicidad que tal vez no tuvo; sólo en las horas de ocio y de sueño, en algún rincón de su infancia, allá en la compañía de su padre que poco conoció y en la arrogancia de su madre llena de polvo y hambre. No puedo hablar de mi bisabuela porque fue nombrada hasta el día del ocaso de las palabras; palabras que solo sirvieron para rezar horas interminables, libros, oraciones interminables, bajo la fiebre del sol o el azufre de la noche; palabras que no nombraron lo eterno y se perdieron en las sábanas del placer y de la muerte.

III

Hoy rezo por la sangre de mi sangre, la carne de mi carne, que descansa en la bóveda familiar hasta el día del juicio final. Esperando la visita de un ángel perdido que galope en mi cráneo e intente descifrar los misterios de mi vida, antes de que sea tarde. Me interesa descubrir la luz de las cosas simples, que también amó mi padre antes de la cosecha y del diluvio; descubrir su herencia fosforescente en este día cálido de invierno, donde llueve y la ciudad parece una construcción hecha por niños tristes que intentan decapitar los techos de los lugares donde alguna vez fui feliz. Con mis manos intento esculpir a mi padre, regresarlo del largo viaje donde la felicidad sigue siendo una luz que atraviesa los cristales y nos deleita con su coito de estrellas. En algún lugar de estas calles mi padre me espera: los brazos abiertos, su sonrisa cálida, un latido de caballo azul, sus dedos tristes, dispuestos a acariciarme; me esperará con dos copas de vino servidas para beber nuestra sangre y recordar el origen de la selva interior. El abrazo será largo como una manada de pájaros en dirección al sur, y la fábula de nuestras pieles, la única garantía de no volvernos locos en este desierto.

IV

Vagabundeo por calles que mi padre alguna vez transitó con los ojos ebrios y las manos vacías. Recorro las huellas de su piel, sus miedos, sus desdichas de hombre bestia, condenado a vivir entre huesos y relojes de arena. A veces, cuando me miro en los espejos, veo su rostro carcomido por el cáncer, sé que está delirando y por más que cante, su muerte seguirá siendo silenciosa. Nos es bueno que yo cante, si él murió asesinado (por nadie). La condena de sus párpados no puede ser eterna: mi sangre, que es su sangre, es una plegaria de hocicos heridos.

V

Mi padre murió con miedo a cerrar los párpados, con los anillos del tiempo en los dedos púrpuras, los ojos heridos de sangre amarilla, los dientes ennegrecidos por el sol y las corrientes del aire de serpiente. Cuando alguien muere al fin deja su jaula, para convertirse en la presa de los rostros sucesivos de la piedra original, en los colores de las fuentes del agua, en las monedas arrojadas por los veteranos; deja fluir su alma como el poema perfecto y se va, lejos, muy lejos, a buscar eso que alguien pierde en los riachuelos de los días, la suerte arrojada en los casinos o en las cartas. Lo que sea con más que morir en la ola, en la espuma o en los dientes de ese mar que nos reclama desde el paraíso inventado por las palabras dogmáticas, que nunca significan nada más que ver cómo decapitan a los hombres en una cruz arrojada al abismo de las campanas.

VI

Para qué seguir moviendo las manos si no pueden tocar a las gaviotas que vuelan heridas; para qué seguir anudando corbatas si los amantes las niegan a la hora del sexo; para qué seguir desamarrando cabos y lanzando anclas cuando el barco de nuestras vidas cruzan nuestra epidermis llena de rabia; para qué seguir buscando a mi padre que está enterrado diez metros bajo tierra; si la tierra que mañana nos cubrirá los párpados será el lodo que naveguen nuestros animales de la ira; para qué seguir si el miedo nos paraliza en el páramo de la noche y tenemos las alas rotas y el corazón bajo llave, esperando que nos toque el inexistente triunfo; para qué seguir cuando mi padre respira por los orificios de la muerte y la madrugada me trae el aroma de su perfume y su beso es un pez enterrado en mi boca; para qué seguir apretando los puños si el abandono del beso y del abrazo es mi propio destierro; para qué seguir si espero que mi memoria muera envenenada y la palabra ya no nos condena y queda el poema tatuado en el cuerpo; para qué seguir si el poema está escrito y yo soy un vagabundo que se perdió camino de regreso a la tumba de su padre.

VII

Soy el embajador cósmico de mi padre, el engendro de sus últimos días, su razón, su falaz huella, su memoria dispersa, su cuerpo con errores, el terror agónico y verdoso, el buey herido de muerte, los rostros destruidos, sus ojos en mis ojos enceguecidos, su dios caído, la otra mejilla, su mirada enjaulada, su manzano y el beso demente, la sílaba rota, su luz en la poca realidad que me queda, el semen obstinado, su cadáver transformado, su dolor reconstruido, su pájaro sin alas, su triángulo de las Bermudas, su arco iris en blanco y negro, su enfermedad terminal y roja.

VIII

Yo soy el cáncer que mató a mi padre. Yo soy el cáncer que mató a mi padre. Yo soy el cáncer que mató a mi padre. Yo soy el cáncer que mató a mi padre. Yo soy el cáncer que mató a mi padre. Yo soy el cáncer que mató a mi padre. Yo soy el cáncer que mató a mi padre. Yo soy el cáncer que mató a mi padre. Yo soy el cáncer que mató a mi padre. Yo soy el cáncer que mató a mi padre Yo soy el

IX

Tengo destruida las sienes; en mi piel florecen huellas que son pequeños virus, que me derriten a lo largo de la epidermis. Tengo la memoria despedazada y me siguen *enloqueciendo aquellas madres, hijas, abuelas, tías en las venas* [1]. Mi aorta se resquebraja, el corazón es un barco sin vergüenza: no teme hundirse en las profundas sombras de mis arterias. Soy un fantasma que vuela en los rincones de mi infancia escasa. Veo en la otra orilla mi cuerpo desangrado. Y mi muerte. Creo que es hora de cruzar el umbral de las cosas y dejar que mis párpados descubran, por primera vez, las vocales de la ceniza.

(1) Antonio Gamoneda, Arden las pérdidas.

X

La tierra entera es una apariencia banal ante tus ojos, padre mío. Mírame con tu amor y tu desprecio mayores. Merezco morir por tu despecho y por tu cruel enfermedad. Merezco ser la enfermedad que te está matando y merezco morir en tu honor y en tu regazo. Eres la sombra y el cuchillo que se enterrará en mi corazón. Mátame, padre, de una vez. Mátame. Yo soy el cordero de tus pesadillas.

II

Y tú, padre mío, de tu cima alejada,
maldice o bendíceme con voz airada o pía.
No entres dócilmente en la noche callada.

Dylan Thomas

I

El ojo como la lengua cayó en desgracia. No hubo enfermeras, remedios, doctores, exámenes que pudieran dar otra salida. El cáncer está en la próstata, en el hígado, en los pulmones, en los huesos, en el corazón. Mi padre era un hombre sano eso decían, pero era muy tarde. Todo era cruz y ventanas al mal y finito futuro. El párpado no se detenía del asombro. Una cometa volaba muy lejos danzando en las nubes. El viento era helado y golpeaba como mujer ofendida. El reencuentro con el pasado no existirá nunca más. Nada nos pertenece, ni esta tierra que no es mía, ni estos pantalones, ni estas sábanas donde tuve mil cuerpos desnudos y el sexo era una estación más de este sueño perdido.

II

El cáncer es un territorio donde todos de algún modo u otro vamos a perecer. Es un diálogo infinito con todos sus habitantes. Siempre eres bienvenido a este territorio que nunca necesitarás *visa* sólo mucha paciencia y dolor en los huesos. No es una enfermedad, es un estado de vida, un proceso de tiempo en la piel y el espíritu. Es un territorio que nadie sabe cómo entrar o salir. Es un territorio de color canela y de olor a incienso. Es un territorio virgen de las llagas de Dios.

III

Cada vez se adelgaza, pierde fuerzas y sueños, pierde esperanzas, y yo sólo soy un guerrero que no pierde la última ilusión aunque sólo nos quede el lenguaje. Aunque tengamos la lengua muerta y destrozada por las ráfagas del tiempo. Mi padre va perdiendo cabello y su infancia en cada examen o *electroshock* en cada inyección o en cada jeringa que se roba su sangre y le inyecta líquido blanco. Semen de los dioses de la muerte, sangre herida de nubes y de algodón. Montañas nevadas, ríos de ilusiones y de tierna inocencia. Cada vez se adelgaza más y ya no parece mi padre ni se parece a nadie que yo conozca.

IV

El lenguaje y el diálogo es lo único que nos queda en este territorio donde todos perecen o nacen en otros seres. El lenguaje que se crea y recrea es nuestra única salvación ante tanto vacío silencio, dolor, muerte. El lenguaje tiene que salvarnos, tiene que sacarnos de aquí, así nuestro idioma se nos haya vuelto extraño. El lenguaje es lo único entre vivos y muertos. Es lo único que tenemos y tendremos.

V

Somos infinidad de agujas que van cayendo y que van marcando la espina dorsal y separando más la herida abierta desde el nacimiento. Es que somos pequeños perros católicos o ateos que seguimos cargando el pecado original y el grito se nos retuerce como yegua, jinete o caballo en llamas, mientras recorremos infancias con el crucifijo en la frente escupiendo enanos azules, fosforescentes, morados. Somos pequeños árboles de fuego que renacen con su sangre, pero que a las horas envejecen y después caen con los dientes rotos, con la mandíbula partida en mil pedazos, con los riñones divididos en partículas, en pequeños átomos, que intentan volver al origen pero siempre será imposible regresar al inicio.

VI

Padre, no te mueras, escúchame.

Sé que puedes renacer tienes que salir de estas paredes y sobre todo levantarte de esta cama que te está pulverizando. Estoy en pie de guerra, muriendo por esta enfermedad cruel y perversa. Yo estoy aquí con mi fusil bajo el brazo dispuesto a batirme con los mayores batallones.

Padre, no te mueras, escúchame.

Sé que puedes salir de aquí. Mírame con tus pupilas, no dejes que el cáncer te robe el corazón y lo vaya a vender en el mercado negro.

Padre, no te mueras, escúchame.

VII

Mi padre es un extraño que cada se adelgaza, más en una cama extraña, en una casa extraña que yo no conozco. Es un extraño que se muere de cáncer, como uno más de los millones de enfermos de cáncer, en toda la tierra. Un extraño más en el mundo que se muere en una cama sucia, con sábanas sucias y con una enfermedad sucia y es tachado definitivamente del cuaderno de los vivos.

III

Somos la escritura rebelde que el agua no se lleva.
Las cuatro vides que conforman la página.
Los días encabritados. Algún verso encendido.
¿Sabes adónde vamos? ¿Me recuerdas?

Luis Armenta Malpica

I

Algún día no estaremos. Ellos vendrán a recoger las cáscaras, las frutas mordidas, el odio a la urbe, los espejos rotos de la ira. Las páginas en blanco donde se escribieron los mejores poemas a nadie. Mirarán subir y bajarse de autobuses a decenas de hombres, que habrán perdido sus manos de tanto acariciar los cuerpos (de los muertos). Nos mirarán en viejas fotos amarillas con los filos quemados con la misma extrañeza, con que nosotros miramos en la noche a un bicho que se eleva en el jardín. Sabrán muy poco de nosotros más que somos polvo en algún cementerio de la ciudad, que nadie sabe dónde queda ni tiene idea dónde está.

II

Ellos tratarán de rastrear nuestros pasos, de descubrir las huellas digitales en tanto cuerpo amado y tratarán de descifrar cartas o manuscritos de nuestro vagabundo paso *sin pena ni gloria* por este mundo. Hombres que se impusieron el milagro de ser felices pero que no pudieron ni siquiera llegar a sus orillas y ahora solo descansan varios metros bajo tierra. Hombres calaveras, hombres zoológicos, hombres chimpancés, hombres jaulas, seremos productos de investigación etnográfica y de publicidad en alguna percha al final de los supermercados.

III

¿Quién nos oirá? ¿Los oídos del viento el mar de leche o un pájaro que se anida en una nube? ¿O los niños que no saben qué es la muerte pero que con sus lápices de colores pintan a la muerte de sus escasas pesadillas?

IV

¿Qué dirá Dios después de tanto bullicio? ¿O Dios estará enterrado en otro cementerio que nadie sabe dónde queda ni tiene idea dónde está?

V

Nuestro corazón frío latirá de vez en cuando, solo por angustia o por capricho, nunca lo sabremos, pero lo cierto es que latirá con suma fuerza, tantas veces que lo oirán en todas las esquinas de la urbe.

VI

Qué pasará con nuestros ojos a qué ciegos se los donarán. Qué harán con nuestros recuerdos. Qué harán con nuestras manos que encendieron inviernos y sirvieron como rutas para los caminos del amor turbulento. Qué pasará con nuestras rodillas que sólo supieron suplicar a los dioses días mejores en esta tierra. Qué harán con nuestra voz acaso se las darán a los mudos para que aprendan a gritar enloquecidos como sus dueños.

VII

Tal vez seremos la escritura rebelde que el agua no se lleva. O tal vez estemos condenados para siempre, a vivir como enfermos entre las cuatro paredes de este mundo.

VIII

Viviremos al fondo del precipicio de nuestras camas. Viviremos con camisas de fuerza y en coma amarrados a los vidrios de las horas. Galoparemos con nuestros deseos a lugares parecidos al purgatorio. Seremos ángeles decapitados, ángeles asesinos, ángeles rufianes, que solo anhelan dialogar con sus muertos.

IX

Ellos buscarán en nuestras manos, los últimos indicios o rastros de humanidad que nos quedan. Pero ya será tarde.

X

¿Dónde quedarán nuestros signos o nuestras pocas señas individuales?

IV

*Había una llama, sí en mis ojos
porque velaron tantas noches
y no logró nadie cerrarlos
sino yo; perdona padre, que no hubiera
nadie, sino yo.*

Leopoldo María Panero

I

Mi padre es un cuerpo roto, en una habitación rota, en un tiempo roto, en mis manos rotas, que solo palpan las palomas que vuelan a la eternidad. Soy una paloma moribunda que se despluma por dentro y soy la muerte que desafía los cuerpos y los mantiene caliente de la ira. Soy una paloma que se niega a dejar a los suyos y sólo gira en su eje, tal vez con la esperanza de regresar el tiempo o de retroceder el paso de las imágenes de blanco y negro o de los recuerdos que están anotados en el cuaderno del futuro. Todo mi cuerpo es una infinidad de células muertas, de códigos muertos, de sangre envenenada al igual que mi padre, que mira sin mirar desde la ventana el horizonte que se aleja como un bandido enmascarado después de saquear al pueblo.

II

Mi padre es un camino rojo que me lleva a recorrer el amanecer de los insectos, que todavía no han partido al otro mundo, pero que están dispuestos a dejar sus guerras para irse detrás de la dicha, al igual que todos los que hoy mueren enfermos, enloquecidos o ciegos por esta enfermedad cruda, que se incrusta en el cuerpo como espada desafiante, de un guerrero que ha sido derrotado, pero que lucha con sus últimas fuerzas por el honor perdido y humillado.

III

Abriremos un bosque nuevo con el impulso claro y desafiante de las palabras. El diálogo tiene que ser un puente imaginario entre el cerebro y la fantasía. Entre los recuerdos y los sueños futuros. Entre la vida y la muerte que conocemos pero que ignoramos con su rostro desfigurado y amargo. Hablaré con mi padre un lenguaje de símbolos puros donde no haya espacio a las interrogantes ni a las sombras de voces extrañas. La sílabas serán fosforescentes dispuestas a verificar los códigos y las interrogantes de este puente que no se puede venir abajo a pesar de los destrozos del tiempo.

IV

Los ojos, la boca, el tacto, los oídos, el olfato deben jugar un rol fundamental en esta guerra de códigos de significantes y significados. Los sentidos tienen que fortalecer el puente entre mi padre y yo. Mis ojos deben ver los recuerdos y recrear la memoria. Mi boca debe besar los cuerpos que ha besado mi padre. El tacto debe acariciar los cuerpos desnudos que él amó. Los oídos deben escuchar hasta la última rama del bosque. El olfato debe oler como olió la primera mujer que se hizo mujer en los brazos de mi padre.

V

Mis manos deben abrir los párpados de mi padre y encender con su luz interna las últimas cavidades ocultas en los ojos de mi padre, sacarlo de su letargo, de su neblina, de sus cataratas profundas, de su oscuridad eterna. Tengo que recrear la luz en su mirada.

VI

Mi padre y yo somos dos animales de la ira, pero que han perdido la batalla contra esta guerra carnal que siempre se pierde. Mi padre y yo nos vamos muriendo de a poco, hasta quedar a orillas de este río de veneno, que nos sumerge, que nos envuelve, que nos da de beber sus sustancias tóxicas.

VII

Parece que poco a poco el destino nos va jugando en contra, al parecer las cartas del juego nos dan como seguros perdedores, pero aquí estamos dispuestos a vencer al enemigo, por más fuerte que este sea, aquí estaremos luchando hasta el final.

VIII

La ciudad y la esperanza a lo lejos se difuminan en los párpados. Hace más frío que de costumbre. El dolor ataca una y otra vez hasta destrozarnos la epidermis. No hay jeringuilla ni drogas que aguante tantos cuchillos afilados dispuestos a matarnos. No nos rendiremos. Eso nunca.

La enfermedad invisible

*Mira cómo se te han roto los párpados de tanto llorar
¿Qué haces arrastrándolo, mirándolo de noche,
escribiéndote la cara ante un esqueleto sangrante?*

Severo Sarduy

I
La batalla está ardiendo

*Tus ojos están parados en dos pies
como los estirados caballos
y tu manera de dividir
las palabras como las migajas
que conservan la sustancia
después que la casa se la llevó el humo.*

José Lezama Lima

La espada de la enfermedad

> *Nada tiene que ver el dolor con el dolor*
> *nada tiene que ver la desesperación*
> *con la desesperación*
> *Las palabras que usamos*
> *para designar esas cosas están viciadas*
>
> Enrique Lihn

Nada tiene que ver el dolor con el dolor. Ni la desesperación con la desesperación. Ni la propia locura con la verdadera locura. Son simples artificios que inventamos para lo indefinible, para intentar dar significados a lo que no podemos nombrar de este lado de la orilla. Yo menciono la palabra sufrir, pero no estoy sufriendo como los que realmente sufren. Para los que sufren las palabras no existen, están viciadas, usadas como camiseta de abuelo o de padre canceroso, en un día borroso, sin fecha, ni recuerdo. El lenguaje es un gran mar donde nos hundimos pero no entendemos sus símbolos. Las palabras son banales instrumentos de sonido que no nos llevan al final del mar. Para conquistar el mar debemos luchar con la espada de la enfermedad y del vacío.

La batalla está ardiendo

La página en blanco es un desafío que no existe. Las palabras se llenan de renglón en renglón, de orilla a orilla, pero no resuelven la ira interna y el vacío. No resuelve el abandono que sentimos ante una hoja o un libro en blanco, aunque haya palabras que nos provoquen. La batalla está ardiendo por dentro y en la raíz de la lengua. No somos capaces de entender las vocales y las sílabas que nos desafían y se dividen en el aire. No somos aptos para entender ni para descifrar lo que tenemos que entender y sólo vivimos engañados con nuestro limitado río interior.

Los envenenados

La serpiente de la palabra
es una enfermedad agónica
en nuestra lengua.
Es mi debilidad
mi dolor que no es un simple dolor
un túnel indescifrable.

Me entrego a este vuelo luminoso
que no es una simple trayectoria lineal
de ave o rayo,
es algo más desenfrenado.

La serpiente de la palabra
no es simplemente un reptil
que se divida en símbolos
significados y significantes
al oído de los mortales
que vivimos espiando sus huellas.

Tengamos precaución
de no morir envenenados
que todavía hay luz y no todo es noche.

Un río invisible nos divide

La música no se logra
con arte de magia.
La palabra nace
porque tiene un rayo interior
y necesario a nuestros ojos.
Es un rayo que estremece
hasta al más ciego del mundo.

No todo es silencio y bullicio
en las calles donde murmuramos.
Ni desenfreno y fiesta
entre tus manos y mis manos.

Hay un río invisible que nos une
y nos hace enemigos.
Somos domadores
de serpientes y de bestias.

Falta mucho para cruzar
el puente de la luz que nos lleve
a la tierra de las sílabas.

Por desgracia, no nacimos hace siglos
ni tenemos el sacrificio suficiente
para alcanzar la orilla
de este río invisible que nos divide.

Lenguas desenfrenadas

Escribo en un diario
que otros escribieron
pero que ya no están.
Ellos creyeron en este diario
hasta sus últimas palabras.

Yo releo esas palabras
y sé que en algún lugar o espacio
me esperan para dialogar
con palabras exactas
que no estén viciadas
por lenguas desenfrenadas.

La palabra no puede nacer todos los días
y a cada rato, sin perder eso
que llamamos dolor y nunca poesía.

Una cabeza rota que se incendia

El hombre es una cabeza rota que se incendia por dentro y por fuera. Es una calavera que no tiene salvación ni bandera. Es un pecho que late y que deja de latir sin mayor esfuerzo. El hombre es una cabeza que late y que sueña, aunque sean pesadillas esporádicas. Es una cabeza rota donde se emanan decenas de ideas para sobrevivir, para gozar, para seguir viviendo, aunque todo sea inútil y banal. El hombre es una cabeza que se incendia y que no puede apagar el infierno que lleva dentro.

II
Desnudos en la intemperie

*Yo, nacido de carne y espíritu, no fui
ni espíritu ni hombre, sino mortal espíritu,
y dio conmigo en tierra la pluma de la muerte.*

Dylan Thomas

Esta lengua que no me pertenece

La tierra prometida no existe. El paraíso no existe. Nada somos en esta tierra que no sea enfermedad que palpita a cada instante y en cada hueso. En este espacio entre tierra y ojo, que no sea dolor de arterias y sílabas. Entre esta lengua que no me pertenece y la que me dieron como gracia divina. Todo es silencio y bullicio entre la sien y mis manos. Sé que es temprano para irse muriendo entre el corazón y el pulmón derecho. Pero ya no hay hígado que nos aguante ni dolor que levemente soportemos, sin dejar de respirar y de exhalar, sin que seamos pura carne y latido por este cuerpo lleno de vocales y cenizas.

Los mapas difusos de su piel

Hay tardes que me vuelvo mudo y silencioso
y busco esa palabra al igual que a esa mujer
que sólo aparece en mis sueños.
Lo que no sabe es que la palabra
es ella pero desaparece de mi mapa.

Busco a través de mis ilusiones más difusas
su rostro y sus piernas inalcanzables.
Deseo volver a ver sus manos suaves
y deliciosas que me enseñaban el mundo.

Un mundo que le falta más emociones
y menos palabras que nos condenen.

Desnudos en la intemperie

La palabra debe ser la llave
que abra las conciencias.
Abrir las puertas que nos separan
desafiar el pensamiento
y estremecer nuestra mirada horizontal.

Debe arrancar nuestros ojos y regalarlos
a los viajeros de otros mundos.

La palabra debe enterrarse en nuestra memoria
y dejar que nos descifre desde adentro.

Incendiémonos el cerebro
y quedémonos desnudos en la intemperie.

Un cuerpo inflamado por las llamas

Un cuerpo inflamado
por las llamas se abre
de par en par ante mis manos.
Vuela esparcido por los aires
como ceniza sin hueso.
Circula por los orificios de la respiración
como virus o cáncer.

Un cuerpo inflamado
explota en el cielo
y llueve ácido y dolor.
Es un peligro desafiante
que no teme a la noche.
Un delito penoso y gravitante
que celebra la identidad anónima
de sus heridos.

Un cuerpo inflamado
es una bomba de tiempo
para el transeúnte cobarde
y agónico que vive
en esta ciudad inconclusa.

Un cuerpo enfermo

La palabra es una columna rota de jirafa que está partida en dos en la tierra. Un pájaro moribundo como tu pie fuera de mi sábana. El inverso de la aritmética básica que aprenden los niños en la escuela. Un oído que siempre recuerda una dulce canción inexistente. Un puma blanco que solo existe en la nieve del recuerdo. Una cabeza rota que amanece en el sueño.

La palabra es un cuerpo enfermo que siempre expulsa frutas quemadas.

III
La gramática del deseo

No hay más. Sólo mujer para alegrarnos,
sólo ojos de mujer para reconfortarnos,
sólo cuerpos desnudos,
territorios en que no se cansa el hombre.

Jaime Sabines

La gramática del deseo

a Rafael Courtoisie

Un hombre es un estado sólido que con el tiempo se vuelve líquido. Se transforma en otros minerales y va dejando la arcilla por dentro. Se disuelve en un líquido parecido a ratos al vinagre o a la gasolina de las cosas perecederas. Es un material limitado para hacer ciertos tipos de cambios en el mundo que vive. Un músculo que por costumbre se desprende de lo que ama y va deseando el futuro que no conoce. Regresa al pasado y todo es caos. Un hombre es un planeta de sentimientos y de arterias que recuerda la madera original de sus antepasados. Un corazón limitado que no cree en la victoria, pero que por decencia o por costumbre lucha por el tiempo dormido. Es una superficie de agua y de piedra que sueña con la gramática del cuerpo amado, que anhela el deseo corporal de sus instrumentos húmedos. El hombre es un cuerpo débil y gaseoso que es inferior al sueño y a la realidad. Es una relación jerárquica con los vegetales y el espacio. Sus manos son una batalla perdida. Un horror que no tiene molde y se oxida con el veneno. Es una fruta rebanada y madura que cae al vacío, inmóvil, sin cáscaras y sin fe.

No hay música ni hay manos

Yo canto contra las espaldas. Así los brazos no me acompañen. Bailo sin ritmo hecho un trompo y un timbal. Mis huesos giran en su eje y se mueven al ritmo de las hojas de tu cuerpo. Mis piernas son dos cuerdas de guitarra que nadie toca porque no hay música ni hay manos. Mis dedos te acarician el pulmón y penetro en tu pasado. Mis párpados son pequeños mapas que me llevan a conquistar tu reino de miseria y abandono. Mis uñas son helicópteros que giran en tu sien. Danzo al pie de tu boca y así no desees tu risa es una sandía mordida.

La sombra del asesino que desconozco

Somos elementos de dudosa elevación. Trayectorias con direcciones inexactas. Un poema que no tiene columna vertebral pero que penetra en las distintas imágenes de la muerte. Una mentira callada entre tus labios y mis párpados. Una mano difusa que se sacude los animales dormidos. Un tatuaje de amor y de dulces oraciones. Una alucinación de té. Una noche con diecinueve cabezas de vacas arrojadas del fin del mundo. Una lámpara que se clava en los ojos de los ciegos. Un árbol que palpita su hueso húmedo. Una lengua de cera que se vuelve transparente para las abejas. Una víbora que se moviliza con el humo. Unos brazos de vidrio que tiene una joroba en los dedos. Una música al ritmo de una página en blanco. Un oído que añora fábulas de niños y de ancianos. Un pez que vuela en la sombra del asesino que desconozco.

Un gato muerto en la calle

Un gato muerto en la calle es como un árbol que está enterrado en medio de los ojos de la nada. Tal vez para muchos no es importante. Pero un gato muerto en la calle es como un pequeño dios derrotado. Un ángel asesinado en la intemperie por sombras rotas. Un observador de la larga noche de los seres humanos. Un testigo de las atrocidades y de los asesinatos más crueles. Un voyerista del masoquismo de los sexos. Un engaño a manos cerradas y a párpados ciegos. Un anónimo que bebe de las derrotas de los hombres. Un soñador a espaldas de dios y de la historia. Una herida que no tiene salvación. Una cicatriz que aúlla en la soledad de los cuerpos. Un crimen no revelado que observa la miseria de la carne y que desde ahora nos seguirá mirando sin vernos desde la enfermedad invisible.

IV

El vacío del cordero

*Alguien entra en el silencio y me abandona
Ahora la soledad no está sola.
Tú hablas como la noche.
Te anuncias como la sed.*

Alejandra Pizarnik

El vacío del cordero

Todo lo que conocemos se derrama y no vuelve a nacer. Se convierte en humo y fuego. Cenizas de manos heridas. Ojos que no tienen pupilas y miran sin mirar el vacío del cordero. Lo que conocemos es una simple ficción inventada por nuestros padres, que no son nuestros verdaderos progenitores. Es una historia inventada por mentes afiebradas. No somos aptos para respirar ni para morir. Ni somos parte de este sistema enloquecedor Todo lo que conocemos se está volviendo polvo y azufre. Lo que sientes en tu corazón ya no lo sentirás más.

Esa es la única enfermedad invisible que nos falta por perecer.

Las criaturas de la noche

Las criaturas de la noche son elementos blancos de espacios no definidos. Argollas de un dedo cojo que salta en un jardín. Banales discursos de hombres engañados por sus ojos. Labios que besan el abecedario de Rimbaud. La poesía no sabe otra cosa que desquiciar el cerebro agotado de la abeja mayor. La palabra es una bala que entra y sale y se divierte en las muelas de los ociosos. El reloj es una nave espacial que no entiende para qué los minutos pasan de una esfera a otra. Las uñas de las aves se ríen de los hocicos de los chanchos inmemoriales. Hay enfermos por todas partes. Ellos están cruzando el muro de mis sueños para saltar para siempre a la catarata de la luz. La oreja escucha la llegada de trenes a selvas habitadas por dinosaurios furiosos y muy solitarios de cariño. Un pie salta de alegría por la llegada de los ángeles.

El pie que me vigila

El pie que me transporta me vigila silenciosamente desde el espejo. Observa y calla. Vuelve a observar y a callar. A ratos murmura palabras o sonidos que no entiendo. El pie que me transporta está lleno de gangrena. El olor lo delata pero aún así observa y calla su dolor de carne putrefacta.

En la otra orilla

En la otra orilla de este río el cuerpo moribundo está dejando de respirar. Yo trato de cruzar pero el agua está muy caudalosa. La desesperación se adueña de los párpados. Aúllo del dolor. La sangre se paraliza. No puedo impedirlo: está desfalleciendo de a poco. Ya siento la inmovilidad debajo de mis pies.

El libro del cáncer

Estoy aquí, condenado a la vida eterna
a vejez sin llanto, sólo espera
de una muerte que nunca llega
y es delito vivir
vivir contra la vida,
en guerra contra la vida
contra la vida que no escucha

Leopoldo María Panero

I
Cuadernos de infancia

1

¿Qué es la infancia? ¿en qué parte está? ¿dónde se esconde? ¿qué significa la infancia? ¿acaso es el espacio inhabitable que quedó después de romper todos los espejos que tienen a la muerte como su única fe? ¿qué somos? ¿qué hay en el fondo de la infancia? ¿cómo podremos volver a ese país pequeño que no existe en los mapas pero sí en la memoria?

2

Mis palabras son piedras nuevas en un lenguaje que nadie conoce ¿Dónde aprendimos las primeras sílabas de esta lengua maternal que no nos pertenece?

3

¿Cuándo volveré a ser el niño que corría sin mayor preocupación que reír o saltar la cuerda cuidándose de no romperse las rodillas los codos o la cabeza? Me cuesta mucho ver morir a los niños descalzos en el fondo del mar ¿Qué habrá en el fondo de la infancia? Quiero irme de aquí pero no sé a qué hombre dejarle las llaves de mi cuerpo

4

¿La infancia en qué parte está? ¿Dónde se esconde? ¿Será el sueño la clave de todo? Nada saco con gritar o llorar si de nada han servido mis súplicas mis ruegos mis rezos sino viene nadie a rescatarme

5

Poco queda bajo mis rodillas de niño: dibujos a colores mi álbum de fotos mi cuaderno de anotaciones mis primeros poemas letras de canciones una corbata de papá un sostén de mamá unos lápices que siguen coloreando mi deshabitada infancia

6

Lo confieso: Los niños deberían ser los verdaderos amos de este mundo

7

Deseo volver a tocar con mis manos los seres mágicos que perdí en el viaje de la infancia Deseo sentir una vez más su abrazo inconfundible y decirle aunque sea por última vez: padre no te mueras ¿me recuerdas? ¿estás orgulloso de mí?

8

Veo aparecer a la vejez por el hueco de la cerradura Sé que en esta ocasión mis ojos no se equivocan Sé que la vejez quiere arroparme con su sábana sé que quiere crear un nido de aves en mi cerebro La vejez siempre está tan cerca de mí como la misma muerte

II
La ciudad del cáncer

I

Provengo de la ciudad que yace asesinada debajo de mis pies Soy un sobreviviente más que solo ha venido a sepultar a sus muertos en el útero de la noche Soy un ciego más que sigue las huellas de sus dinosaurios y de su cruda leyenda Provengo de la ciudad donde todos duermen mil años y solo espero seguir escuchando las órdenes superiores para seguir enterrando a los hijos de sus hijos

II

Mis juramentos de infancia han sido enterrados por las manos del día Solo soy un ser que deambula por la inmortalidad de las pupilas del hombre Prometo confesar el secreto oculto que esconde el sexo de la noche Nada vengo a ofrecer pues solo invento fantasmas sentados en estas sillas que me narran sus mentiras A veces quisiera morir en el vacío

III

> *Pon tu sonrisa y tu mirada en mis manos*
> *y que eso sea el paraíso*
>
> *Sergio Hernández*

Antes de que mis ojos se lo devoren las viudas Antes que mi corazón se lo trasplanten a otro paciente Antes que mis hijos se peleen mis deudas pon tu sonrisa y tus ojos en mis manos y que eso sea mi único paraíso

IV

> *Odio lo que odio rabio como rabio*
>
> *Armando Uribe*

Soy un hombre que vivió junto a las putas y que le robó a los ladrones Soy un hombre que al final de la vida solo quiere vivir extraviado en su infancia Soy un hombre que encendió el fuego del odio y que dejó que se quemara todo a su paso Soy un hombre derrotado que nadie pudo callar Soy el ángel que violó a Dios Soy el odio que odio la rabia que rabio

V

El epiléptico sentado en la primera fila del bus se estremece como una ola furiosa La gente del bus grita pero el chofer no disminuye la velocidad El epiléptico sentado en la primera fila del bus tiene los ojos blancos y vomita espuma La gente del bus sigue gritando pero el chofer no disminuye la velocidad

VI

El fantasma que algún día seré hoy ha venido a visitarme para darme un poco de odio y miseria a veces pienso que es un adelanto del infierno que me espera

III
El pez de mi cuerpo

*El pez será una ausencia cuando ya no lo nombren
mientras no puedan verlo las arañas
ni se lo dé por muerto
en algún nido.*

Luis Armenta Malpica

I

el pez de mi boca se sumerge en tu entrepierna y busca el origen. bucea en tu columna buscando la leche de tus senos rojos en tu agua verde y profunda de los mares donde yo navego en el tiempo como un dios enloquecido. tengo en mis huesos a mi país dividido y enfermo. decapitaré su honra y sus débiles propósitos. soy el pez que se muere de miedo ante tus labios sin alas. ante tu parque abierto y destruido. el pez de mi boca me descifra los pasos derrotados de mi especie.

¿por quién siguen tocando las campanas?

II

desde mi nacimiento estoy inscrito en el libro de dioses del sexo. el placer es una pequeña muerte cotidiana que todos sufrimos para llegar al coito. pieles que se juntan rara vez para el beso profundo de guirnaldas de colores. el pez de mi boca sale a cazar así se muera de sed. el fin de la vida es ahora y está ocurriendo en los vidrios destrozados por carnavales y por sexos desenfrenados. nunca duermen y siempre están de fiesta. llevamos muy dentro de nuestro cuerpo otra fiesta que nos invade y que sufrimos. somos un fiesta dormida al pie del holocausto. una fiesta inexistente que se muere de fiebre y de rabia al pie del infierno.

III

el pez de mi cuerpo navega en tu piel y se ríe de los días. no tiene salvación y su último refugio es la golondrina de invierno que nunca aparecerá a su encuentro porque viven en esferas distintas en territorios distintos en países distintos lejos de la cordura y del desafío. el pez de mi cuerpo navega en tu cuerpo (que siempre será mi cuerpo) y te descubre en los rincones más profundos. te busca como un ser anónimo perdido en el páramo. te busca como un dios derrotado por los infieles de la guerra.

IV

el pez de mi cuerpo sufre las consecuencias pero se niega a quedarse inmóvil frente a la adversidad de los días difusos que pasan ante sus ojos y no los puede descifrar. está herido de muerte por los perros y los gatos de la calle pero aún sigue entre los juegos de mi cuerpo que está ahí invisible. el pez de mi cuerpo teme envejecer y sólo huye por la quebrada o por el aire más cercano. no sé cuál será su destino ni sé cuál será el mío en este tiempo absurdo.

V

el pez de mis labios se sumerge en tu vientre se derrite en tus labios te asalta por la espalda se clava como la espada más temible se cruza en el aire en tu búsqueda te sigue las huellas en el agua te observa con sus ojos amarillos. te mira como si estuvieras muerto o como si estuvieras enterrado en otra dimensión. el pez de mis labios saborea los huesos de tu cuerpo los atornilla con su velocidad acuática. te enseña que el idioma del amor es un discurso gastado por otros mamíferos y que hay que descubrir como ama un pez en tiempo de penurias.

VI

cuídate pez mío de no morir ahogado en la tempestad o en el diluvio universal. el tiempo es una jaula traicionera. para nosotros está el futuro con su palabra escrita en la frente de los días. el futuro es algo que no debemos olvidar jamás. cuídate hijo mío de los cazadores de los mentirosos de los ladrones de los embusteros de los girasoles de la muerte. cuídate pez mío de las bocas feroces de los estómagos con hambre de los niños asesinos. que ellos no son siempre buenos y si hay que confiar prefiero que no confíes en nadie.

VII

para el pez la vejez no existe más allá de ciertas anécdotas aisladas. el pez vuela sueña y ama y sufre en busca de nuevos mares. el pez debe descubrir su propio tiempo independiente del lugar de dónde venga o de dónde va. el pez tiene que ser invulnerable al tiempo. el pez debe vivir con sus derrotas así tenga que reencarnarse en una ballena de mil años.

VIII

mírame y dime si tengo dos ojos dos orejas y dos oídos. si todavía puedo respirar la rosa de tu sexo. si es de noche o es de día para asumir mi rol de amante que duerme en las sábanas. dime si la muerte se masturba o ya se murió de cáncer. acaricia y saborea mi corazón de pez asesino y dime cuántos años me quedan. dime si estoy muerto o la navaja dividió mi garganta en dos ríos inagotables de sombra. observa mis rodillas mis codos mis manos. dime si he muerto y por qué todavía la mariposa de tu cuerpo se ancla en mi pecho.

IV
La última frontera

¿Puedo hacer regresar las palabras?
¿Podrá el pensamiento de la trascripción
nublar mi abierto ojo mental?

Allen Ginsberg

I

¿por qué los hombres tenemos tantos dientes entre los dientes? ¿qué masticamos cuando masticamos? ¿un pedazo de hígado o un fragmento de tiempo que se disuelve en nuestra lengua?

¿por qué de la lengua expulsamos gangrena y cáncer? ¿por qué tenemos tantos dientes como dedos para devorar lo que yo no he visto?

otros cuerpos que nunca conoceremos
animales/ sin tiempo incendiarán
nuestra última frontera.

II

ella le arrancará los ojos a las muñecas del mundo que intenten observar la víbora de la entrepierna de su alma.

es mentira -digo yo- *la muñeca sin ojos y con bondadoso corazón es ella.*

(pero como siempre no me cree)

y sigue arrancando ojos a toda muñeca que cruza por sus venas.

pobres de nosotros que sólo tenemos los ojos para observar y entender .

pobres de nosotros que moriremos ciegos teniendo sexo en oscuridades
y playas desiertas.

pobres de nosotros que amaré a una muñeca sin ojos que no podrá verme en la intimidad de sus rodillas.

III

no habrá más caricias

no habrá más palabras sin sonido

no habrá más orgasmos

no habrá más tambores que nos escuchen

no habrá más imágenes fosforescentes que
/descifrar

no habrá más mariposas ni tigres que nos separen

no habrá más canciones de infancia

no habrá otros labios que no sean tus labios

no habrá más líquido de muerte.

IV

Qué quedará de nosotros más allá de la última frontera. Qué somos más allá de nuestros insomnios, de nuestras manos, de nuestros ojos que observan lo que quieren observar.

Qué escucharemos más allá del viaje a la luz (que no sean ruidos de cambios de huesos y de piel), poemas, libros, cigarrillos, películas piratas, cepillos de dientes, caries, úlceras mal curadas, sangre en el ojo, latidos confusos.

Qué somos más allá del amanecer de las hojas. De la tormenta o de la palabra dios. Qué somos más allá de nuestros egos y envidias. Qué somos más allá del *ensayo de la ceguera.*

dime que yo no lo sé.

V

Más allá de la calle invisible está la última frontera que nos divide, la última frontera que separa la cordura de la locura, la enfermedad de los huesos, el cáncer la fiebre amarilla, el dolor de los divididos.

Más allá de la montaña está mi mano que te acaricia el ojo que todo lo mira, el viento helado del sur, los pájaros asesinos de los cuentos, el anciano degollado de merlín.

Más allá de mi lengua está la muerte arrodillada en busca de sexo.

Más allá de los esqueletos de nuestros cuerpos, hay un hombre que se desangra al pie de un hospital.

Más allá de nuestras manos, hay un mundo por conocer tatuado en las costillas de esta cama que nos espera en silencio.

Más allá de nuestros ojos hay niños riendo y saltando la cuerda soñando con un *futuro esplendor*.

Más allá de nuestros huesos, hay otros seres como tú y yo, que copulan en un motel sin saber sus apellidos.

Más allá de mi lengua está tu lengua, que me seduce y me alivia de los dolores simples del corazón.

VI

Qué queda después del orgasmo, de los senos mordidos, de los cuellos agitados, de los espejos rotos de la ira.

Qué queda después del coito desenfrenado, de los dientes apretados, de los puños enrojecidos.

Qué queda después de la sangre, del semen, de la herida, del abandono.

Qué queda después de la condena del tiempo, del yogur de los cuerpos, de las mentiras despiadadas.

Qué queda después de haber amado otro cuerpo como tu propio cuerpo y ahora ya no está.

Qué queda después de la rabia, de la desolación, de la muerte.

Qué queda después de manos que se acariciaron hasta el hartazgo y que se perdieron en la oscuridad del sexo.

VII

Toda la muerte no podrá destruir esta casa, ni estas manos que acariciaron el principio del universo. Estas manos que como ríos extensos cruzaron nuestra liviana piel. Todo el amor no basta como no basta la muerte para arrancar las visiones detrás de los ojos. No podrán derrotarnos. *Vendrá la muerte y tendrá tus ojos* dice Pavese y yo digo: Vendrán tus ojos y no habrá muerte. Nuestro amor como una fuente inagotable, jamás se morirá ni acabará en nuestras manos.

VIII

Dentro de mi corazón hay una anciana que se acaricia el sexo. Dentro de su sexo hay un árbol que agita el viento. Dentro del viento hay un niño que llora por su padre se ha ido a la guerra y que nunca volverá. Dentro de ese padre que se marcha hay un pasado que hierve entre sus párpados. Dentro de ese pasado hay una mujer que ama enloquecidamente y que se suicida una y otra vez. Dentro de esa mujer hay un futuro que nunca ella conocerá. Dentro de ese futuro hay un bebé que espera su salida pero como no tiene origen se ahoga en el útero de la muerte. Dentro de ese útero hay un veterano que recuerda a la anciana que se acaricia el sexo. Dentro de su sexo hay un barco que se hunde en altar mar. Dentro de ese mar hay un náufrago que espera sentado el fin del mundo. Dentro de ese náufrago hay un corazón herido y roto por el abandono del amor. Dentro de ese abandono hay un niño que respira recién nacido el aire contaminado de los fracasados. Dentro de ese aire hay un poema que se escribe por una mano llena de sombras. Dentro de esa mano hay miles de sueños que esperan cambiar al mundo. Dentro de ese mundo hay un hombre millonario que paga una lujosa cena en el más caro restaurante de París y no sabe que el día siguiente morirá. Dentro de ese restaurante exactamente en el baño hay una pareja de amantes que copulan con gran locura. Dentro de esa copulación hay una guerra de semen que se disputa la gloria. Dentro de ese semen hay indicios que nacerá el nuevo Mesías. Dentro de esos indicios hay una alerta roja que dice que ese restaurante explotará por una bomba puesta por un terrorista. Dentro ese terrorista hay un corazón que apenas late de vergüenza. Dentro de ese corazón hay una anciana que llega al orgasmo.

IX

Se abre el telón. Dentro del telón hay tres mujeres que miran hacia el final de la ciudad. Dentro de esas mujeres hay varias historias que se rompen como espejos. Dentro de esos espejos hay lunas y globos de niños extraviados. Dentro de esos niños hay una noche que se disuelve en el agua del mar. Dentro del agua hay un anciano que recuerda su infancia en el mundo del teatro. Dentro de ese mundo hay un río que cruza las venas del tiempo. Dentro de ese río hay un circo lleno de fantasmas y fantasías que se desarrollan en otro mundo. Dentro de esos fantasmas hay árboles que se agitan con el viento. Dentro de esos árboles hay carros que viajan sin rumbo a ninguna parte. Dentro de esos carros hay un corazón que espera sentado dentro de una esfera de agua. Dentro de ese corazón se cierra el telón. Dentro del telón hay tres mujeres que ahora mirarán para siempre hacia el infinito.

V
La fiesta de los condenados

*A veces parece
que estamos en el centro de la fiesta.
Sin embargo
en el centro de la fiesta no hay nadie.
En el centro de la fiesta está el vacío.*

Pero en el centro del vacío hay otra fiesta.

Roberto Juarroz

I

La noche se sumergió en nuestros párpados y no supimos reconocer el límite de nuestras manos, ni de nuestros cuerpos ya que cada vez que movimos los dedos, estaban otros cuerpos en el lugar de nuestros cuerpos. Había ojos que se entreveraban con mis ojos. Señas que indicaban lugares confusos. Desde las profundidades del río de nuestros labios, nacían otros labios que respiraban el aire de los dormidos y de los muertos. Nunca creí que morir era este infierno que se parece tanto al paraíso. Míralos si son ángeles sin alas que se elevan entre las ráfagas del sexo y del alcohol. Observa cómo se derriten sus manos de mantequilla en los pezones de esa mujer tetona. Dios qué has hecho de nosotros. Tu libre albedrío está que se divierte a rabiar de las contradicciones de tus palabras. Dios por qué nos has abandonado en esta fiesta sin dueño.

II

Los dilemas no se terminan con la muerte del padre o con el paro de nuestro corazón. Vendrán otros como nosotros y se preguntarán lo mismo o algo distinto, pero no cambiarán los problemas, ni los resultados. Estamos condenados y encerrados en estos cuerpos ansiosos, calientes y sabrosos. A respirar, a beber su aguardiente, el ron que es nuestra sangre. Los dilemas de nuestra existencia no se resuelven con la muerte cerebral de Dios ni de uno mismo. Las respuestas no existen. Las preguntas nos acercan a la verdad, pero no lo demasiado para ver lo que ocultan las señas del rostro del niño que murió asesinado.

III

Hoy amanecí con la carne de una paloma entre los dientes. Me devoré su corazón y aprendí de a volar y a beber su sangre que me descifró el camino de los doce apóstoles que acompañaron y engañaron a Cristo. Le escupí a Cristo en el rostro y le dije que era un perdedor, que por su culpa todos los somos. Cristo bajó la mirada y no supo entenderme ni mirarme y solo lloró lágrimas rojas como en los crucifijos.

IV

El arco iris de tu sangre se derrite en mis ojos, el invierno es un árbol que se divide en dos personas que se mueren de frío, un río se seca en los labios de esa anciana que se muere ahorcada, este libro se multiplica ante tus pupilas y se vuelve a multiplicar en infinitas imágenes. Lo que lees no son poemas, todavía nadie lo descifra. Lee tus manos y ahí está escrito tu destino y la verdad de las cosas y no en textos difusos que condenan a los no condenados y a los miserables al infierno.

V

Mientras los hombres cumplen sus más crueles y perversos deseos en los cuerpos tatuados de sus amantes. Van transformándose en animales puros y van sacando de su interior toda la rabia y el odio al mundo y van dejando esas células heridas en la piel del otro. Los amantes no dicen nada. Nunca dicen nada, solo aman en silencio hasta cuando la sangre hierve. Después siempre duermen vacíos entre las sábanas púrpuras.

VI

Las manos del hombre no se parecen a las manos de Dios. Las manos del hombre están hechas y creadas para el sexo. Las manos de Dios solo bendicen y crean soledades terribles. Las manos del hombre sirven para acariciar y masturbar el cuerpo amado. Las manos de Dios no sirven para nada.

VII

La lluvia es el llanto de los dinosaurios que perecieron en la selva de nuestras memorias. Los últimos rastros o indicios de nuestras huellas digitales en el cuerpo amado y ausente.

VIII

En esta fiesta hay hombres que bailan en los filos de la noche. Hay mujeres que bailan en los bordes de las camas desechas. En el interior de hombres y mujeres hay un vacío tenebroso que da espanto y terror. Y más en el fondo hay algunos mendigos y niños que juegan en columpios mirando sin mirar sus manos que dibujan una y otra vez la fiesta de los condenados.

IX

Yo soy una fiesta que se enciende y se apaga en la oscuridad de esta habitación. En mi interior hay varias fiestas que danzan su propio baile en su propio tiempo y espacio. Yo soy una fiesta que se oye puertas abiertas como un gran mar de alcohol rock y drogas. La adrenalina baila, baila, baila en el corazón del fuego. Yo soy una fiesta que se enciende y se apaga en el desenfreno de la noche.

X

Por qué un hombre baila bañado en cerveza y champaña con júbilo y destreza, cuando pocos miran sin ojos, ríen sin dientes, aplauden sin manos, escuchan música, duermen o sueñan que están allí cerca, muy cerca, muy cerca. Y yo me pregunto: ¿Qué hago yo aquí?

XI

Hace años hay un hombre sentado en un paradero de bus esperando que pase una abeja asesina o un pájaro herido por sus manos. ¿Qué esconde un hombre sentado en un paradero de bus? ¿Qué hay en sus labios? ¿Qué hay escondido detrás de su mandíbula? Escribo un poema para ese hombre sentado en el paradero del bus. No sé qué más regalarle a él que espera que algo ocurra en esta ciudad muerta.

Voy hacia mi cuerpo

Voy hacia lo que menos conocí en mi vida:
voy hacia mi cuerpo.

Héctor Viel Temperley

I

Cuelgo
desde la soga
como un niño derrotado

II

Mañana vendrán
a recoger mi cuerpo
que aún tiembla
El corazón no late
pero se niega a dejar de sentir

III

Mi piel se vuelve azul,
morada, verde
Por los pulmones vacíos
late la envidia y la muerte

IV

Respiro libre
de la jaula de mi cuerpo
no tengo miedo
porque ya sé
que no hay tiempo
Mi lengua
sobresale de la boca

V

Nadie me escucha
el dolor ya no es dolor
es una fruta exótica
un animal fosforescente

VI

Soy un animal extraño
descanso sobre los hombros
el infierno aún está lejos
los ángeles están ausentes
Soy una selva dormida

VII

Nadie reza
aunque mis manos
sean un triste rosario
Las voces no se suman
cuando hay una piel caliente
pero un corazón frío
Mi tiempo es
un rompecabezas inexistente

VIII

Cuelgo en el árbol
que me vio crecer
El dolor todavía carcome
mis párpados

IX

Por mi muerte
nada ha cambiado
así esté vivo o muerto
los pájaros seguirán
en las ramas de la historia

X

Sé que el dolor
no es compatible
con los aromas de la naturaleza
Saboreo
la derrota de mi cuerpo

LOS PRECIPICIOS DE LA MENTE

I

Cuando un hombre muere
varios cuerpos mueren
a través de las ramas del ojo
o de árboles dormidos
La miseria es un espejo de arena
que se nutre
de los dedos de los niños
Mi cabeza sueña
mientras se incendia

II

Mi palabra
es un hombre asesinado
al final de un árbol cortado
a la mitad por los dientes
de los dioses

III

Mi cuerpo
se confunde con los pájaros
y las horas
La piel se reconstruye
por el deseo
y la claridad
Sílaba que no puede nombrar
el perfume del mundo

IV

Un cuchillo agoniza,
filo doble: pensamiento y sangre
Bestia que huye
por los precipicios de la mente
Cuerpos desnudos transitan
a la hora que nadie me espera

V

Soy un hombre
que se pierde en la piel
de otros cuerpos
El amor nos destroza
en carne viva
Canto de niños
que no entendieron
el idioma del río
y que repiten en voz alta
la historia de sus muertos

VI

> *En verdad yo habito*
> *la garganta de un Dios*
>
> *Saint-John Perse*

La fiebre
infecta mi garganta
de hombre crucificado
La fiebre y la pus
deben ser la garganta
de un nuevo Dios

IDENTIDAD

Soy un apellido más
que desaparece
del género humano
unos papeles de identidad
me delatan ante mi asesino
No encuentro mi cabeza
en este cuerpo
que se niega a sí mismo
Alguien ha muerto
en el lado más débil de mi cuerpo
no reconozco
su nombre ni su voz
El lado más fuerte de mi cuerpo
se moviliza
hacia el frente y escapa

EN EL LABIO DE LOS PECES

I

Si mi cuerpo disfrutara su nada
no sería tan difícil agonizar
Un cuerpo hermoso
siempre se destruye

II

Mis rodillas
no sirven para mucho
ni siquiera
como un par de huesos
(de a poco se rompen)
Una rodilla rota
es menos
que una mano o un pie

III

Mis palabras
son acordes
musicales del caos

IV

El hacha siempre llega
a la hora precisa
Una mano desgastada cae
en el labio de los peces
Olas/ alas
destruyen la ciudad
donde yergo mi espada

V

Caballos
como puñales,
dagas,
crucifijos
surcan las orillas:
La enfermedad de mi cuerpo

Córneas vacías

I

Los ciegos me heredan
sus córneas vacías
Es poco el tiempo
en las ramas de la infancia
Cangrejos canibalizan
la figura/ el espacio
prolongan sus imágenes
en otras sombras

II

Piedra a piedra:
mi piel se extiende
en la memoria
Piedra a piedra:
mis huesos se rompen

III

El bosque nace
en la retina de mi ojo
cuando el ojo niega
se extravía la rama

IV

Mi corazón
es un cáncer terminal

V

Hay otros cuerpos
que con el tiempo
se cambian de identidad
y sólo callan

VI

Hay veces que siento
tu aliento
detrás de mi oreja,
el aroma del sexo

VII

Lates por mi cuerpo
como pequeñas
células enfermas

VIII

Tu cuerpo
es la espada
con que yo lucho
en este mundo invisible

IX

Acaricio tu sexo
como si fueras
papel en blanco

X

Desciendo de la tristeza
como si naciera
de un útero negro

XI

La enfermedad me persigue
como un animal en celo

XII

Un árbol que cae
es igual a un hombre
que se derrumba sin vida
en medio de la calle
sin que nadie
lo pueda salvar

XIII

Mi cuerpo
no es una carne sin aliento
son los huesos de los amantes
el dolor de los desposeídos
los fantasmas de la infancia

XIV

Exámenes y radiografías
confirman lo inexplicable:
Mi cuerpo se enferma
a la velocidad de la luz

Cabezas quemadas

I

Cabeza rota
destruida, enferma
los tumores crecen
en todas partes
el vértigo fluye por la sangre
inyecciones y pastillas de colores:
Mi cabeza se pudre

II

Tumores crecen
lento, muy lento
invaden
y me asfixian por dentro
Mis neuronas
explotan por el cáncer

III

El ojo observa
pero el vértigo
hace que giren las luces
El ojo mira
las contradicciones de la luz

IV

Mis tumores
expulsan
sus neuronas quemadas

V

Mi cabeza quemada
se desintegra en algún lugar
de la materia

VI

Los tumores se dividen
el fuego vuela
en toda su dimensión:
Mi cuerpo en llamas

VII

El cáncer
es un caballo
que me destruye
a su paso

VIII

El cáncer
es un una máquina
que destruye mi cuerpo
y lo vuelve polvo

IX

Los tumores explotan
la sangre en el aire
el cuerpo gira en su eje
Un edificio
se destruye por dentro

Noche iluminada del cuerpo

*Queda impune la memoria de los cuerpos
que se abrieron a la luz*

Max Rojas

1
Cuerpo abierto

I

Somos náufragos y vivimos en la intemperie
somos cuerpos que se repiten en otros cuerpos
las manos crean manos en otras manos
¿qué es un cuerpo? ¿qué es un náufrago?
¿quién soy en este mundo de imágenes, huesos y balas?
la sangre es un río que parte desde mi frente
y baña todo a su paso ¿qué es un delincuente?
¿alguien que roba o que sueña?
los cuerpos nacen violentos y son extirpados desde un cuerpo
que los crea a otros cuerpos que los humillan
los cuerpos deben resignarse a ser cuerpos
¿por qué no fuimos dioses, pájaros o peces?
¿qué es un pez nadando en un río de sangre?
¿un dios? ¿un delincuente?
¿un ave que sabe respirar debajo del agua?

II

Los cristales se rompen por dentro, por fuera
el hombre que es un cuerpo
no sabe si se rompió su mano
el ojo o una arteria del cerebro

El cerebro es un músculo, una sombra
un ser que cumple una función en la nada

los cuerpos vuelven a buscar
su piel abandonada en los cementerios
en los ríos, en la pólvora y en las balas

III

¿Qué es la muerte?
¿Qué es un cuerpo con vida?
cuando morimos dejamos el cuerpo
como quien deja una sábana sucia
y roja en el motel
en el parque o en la avenida de la memoria

IV

Los cuerpos dejan sus cuerpos
y buscan lo que no hay
lo que no existe, lo que hubo y ya fue dilapidado
cuerpos, cuerpos, cuerpos, cuerpos, cuerpos, cuerpos
van naciendo, uno detrás de otro
y alguien grita
maten al asesino
maten a los cuerpos que vienen a devorar todo
cuerpos sin sexo, cuerpo sin ojos
cuerpos sin manos, cuerpos sin dedos
cuerpos sin cerebro, cuerpos sin alma
se van perdiendo en la selva de otros cuerpos
que los oscurecen y los niegan
para qué nacemos en un cuerpo si luego
los abandonamos en la furia
en el asesinato o en la muerte

V

¿Qué es la muerte?
¿cuándo empezamos a vivir?
¿desde cuándo la vida nos pertenece?
¿qué es la enfermedad, un país distinto
un emigrante o una mano extraña?
los hospitales están llenos de cuerpos que mueren
que apenas respiran, laten, aman
cuerpos de colores
hay para todos los gustos
azules, amarillos, morados o verde

VI

¿Qué es un cuerpo que no respira?
¿es un cuerpo más feliz? ¿dónde está la alegría?
¿quién la escondió? ¿alguien se la robó?
los cuerpos yacen en camas, en frigoríficos
en camales, en cementerios
¿qué es cuerpo desmembrado?
¿ya no es un cuerpo?
una mano lejos de su cuerpo, quiere tocarme
¿qué quiere tocar? ¿mi mano?
                    ¿mi pie?
                            ¿mi esperanza?

VII

Una mano lejos de su cuerpo
me mira por sus dedos
me llama por sus uñas, me silba por su mugre
me quiere decir algo
yo no la escucho
no entiendo su vocabulario de mano cortada

VIII

La mano lejos de su cuerpo
es como animal pequeño que apenas tiene vida
que apenas respira
que apenas quiere sonreír
¿dónde está su otra mano?
¿qué es un mano sola?
¿un fantasma?
¿un muerto que me llama?
¿una mano lejos de su cuerpo
es como un niño que no alcanzó a crecer?
¿es un insecto?
¿es un cosa de la naturaleza?
los cuerpos son lanzados al frigorífico, todo es frío y hielo
todo es mal olor y muerte, todo huele mal
todos los cuerpos se desintegran y dejan el jugo en la acera
¿la sangre? ¿la vida? ¿el alma?
¿qué es el alma de un cuerpo?
¿algo que existe o que inventamos?
¿los cuerpos tienen alma?
¿el cuerpo de un asesino abaleado ya no tiene alma?
¿las balas asesinaron su alma?
¿dónde está su alma?
¿el alma nunca existió?

IX

Los cuerpos nacen limpios y mueren sucios
los cuerpos más fuertes se comen a los más débiles
los cuerpos débiles violan a inocentes
y como resultado tenemos a otro cuerpo
¿otro cuerpo?
¿para qué cuerpo dios?
               ¿para qué cuerpo carne?
                          ¿para qué cuerpo sangre?

X

Los cuerpos se llenan de comida
de basura y de alcohol
se llenan de drogas que parten el hígado
el estómago y el colon
para qué más mierda en la mierda
los cuerpos vomitan
no pueden sostener más mierda en su interior

XI

Los cuerpos se despedazan
se evaporan
se esfuman de la faz de la tierra
y como resultado tenemos cuerpos
debajo de la tierra pudriéndose
se pudre la carne de los cuerpos
y se llenan de gusanos
¿cuerpos llenos de gusanos
es el único resultado de esta miseria?
nos comemos a los gusanos en la vida
y los gusanos nos comen en la muerte
los cuerpos nacen hermosos, vírgenes, limpios y para qué
y como resultado tenemos
cuerpos podridos, amarillos y violentos

cuerpos ensangrentados
cuerpos llenos de sida
cuerpos llenos de cáncer
cuerpos llenos de gangrena

XII

Un pie gangrenado
ya no le pertenece al cuerpo
sino a la enfermedad y a la muerte
un pie gangrenado
le pertenece al espacio y a la basura
un pie gangrenado
le pertenece a las hormigas rojas y a la guadaña
un pie gangrenado
es como una nave destruida
un *titanic* en el medio de un iceberg
un arma abandonada en medio de la guerra
un pie gangrenado
no le pertenece a nadie
ni a los cristales que se rompen en la muerte
un pie gangrenado
es una tormenta, un delirio, un náufrago
que ya no tiene esperanza
y
sólo
cae
al
vacío
un pie gangrenado
es como un hombre terminal
que ya tiene sus días contados
y ya no espera nada
sólo el último respiro de su corazón

XIII

Todo el calor del mundo
no podrá cuidar y proteger
a los cuerpos
ni las sábanas, ni el calor
de unas manos enamoradas
los cuerpos viven
abandonados a su suerte
fríos y azules se volverán con el tiempo
en un ataúd de madera

XIV

Los cuerpos niegan su origen
el semen y el útero
su raza y su bandera
¿por qué huyen del crimen?
¿por qué huyen del furor
y de la herida?

XV

Los cuerpos pierden el hígado
un ojo o un pie
los cuerpos pierden un oído
una mano o una costilla
el tiempo lo destruye todo

2
Cuerpo reservado

I

Los cuerpos no reconocen la algarabía
y el desenlace pero actúan bajo sus instintos
y el ritmo del deseo
cuerpos que se dejan llevar por otros cuerpos
al ritmo de la música y las manos oscuras
cuerpos que se niegan
que repiten que se restriegan
que se penetran que se evaporan
que se funden como hierros candentes
como soles fríos
como lunas esquivas
como chuchillos en una carne sabrosa y vacía

II

Cuerpos naufragan con otros cuerpos
en el lecho o en la cama de un sucio motel
que beben
        que chupan
                que zarandean
que amenazan y que obligan
cuerpos que vencen las taras y los tabúes
que aprenden y que se arrodillan
que son capaces de matar
o de ser heriros en la gloria o en la batalla

III

Los cuerpos se parecen a los ojos rotos
trizados en medio de la calle
los cuerpos
no reconocen sus partes y niegan lo corpóreo
los tobillos siguen destrozados y nadie pide auxilio
nadie escucha porque ya casi nadie tiene oídos

zumba los oídos
y la esperanza
en manos
en manos
en manos
que no terminan o que no acaban

IV

Los cuerpos que no tienen sustantivo, ni verbo
cuerpos sin tildes, sin errores ortográficos, ni gramaticales
cuerpos que no dicen nada
porque el lenguaje no es nadie en sus lenguas heridas
los cuerpos de uñas largas acarician el rostro de la oscuridad
hasta opacar las señales de sus destinos
es poco lo que hay del otro lado de las palabras
cuerpos, cuerpos, cuerpos, cuerpos, cuerpos
navegan en la conciencia de la historia
                            no hay poema que se escriba
desde una felicidad aparente
cuerpos destruidos buscan un lecho donde dormir
un lecho donde morir

V

Los cuerpos se van destruyendo de a poco
cómo hablar de un cuerpo
si ya queda sólo la piel
el hueso y la sangre
los cuerpos avanzan sin gloria y sin fe
por las calles de este mundo
los cuerpos son aniquilados en camales
o en chozas ocultas
los cuerpos cercenados se venden
los dientes quieren carne para romper
el estómago quiere una cadena alimenticia
hay no hay carne que abastezca a tanto cuerpo

VI

¿Qué es un ojo?
¿qué es un ojo que no ve?
¿qué es un ojo que no sirve ni de cristal?
¿para qué sirve un ojo de adorno?
un ojo es reventado
como un huevo frito contra la pared
un ojo es vendido a los ciegos
las cataratas lo tapan todo
las córneas no sirven para mucho
los ojos siguen cerrados hasta el fin de los días

VII

Cuerpos se niegan
debajo de los puentes
son opacados por la luz
que llega de la noche
cuerpos vacíos se abren
como flores para recibir su polen
cuerpos acarician nuevas pieles
los labios rotos se olvidan en los parques

VIII

Las manos de los cuerpos
son como dioses que danzan
en busca de lo que no existe
las manos danzan en la boca
de las mujeres en forma
de uva o manzana
las manos de los cuerpos
son como dioses
que no tienen derecho de morir
sólo de danzar

IX

La luz penetra en los agujeros del día
la noche es una lanza
en los cuerpos que giran
nadie tiene la eternidad en sus ojos
los cuchillos cortan las pieles
la sangre lo inunda todo
la luz penetra en los agujeros de la muerte

X

Los cuerpos crujen
se lanzan entre sí
los cuerpos adoran a dioses
que no han visto nunca
los cuerpos se mezclan
con el reventar de las olas
el fuego nace en las manos de los cuerpos
se apaga el horizonte
las pieles navegan en la sordera de las horas
los cuerpos son vasos rotos de la eternidad

XI

Los cuerpos visitan lugares desconocidos
niegan a sus ojos
las manos son la brújula y el tiempo
los cuerpos viajan al pasado
y todo es vacío entre sus manos
y las manos del futuro

XII

Cómo se destroza un cuerpo
lo he visto a lo largo del camino
los he visto partirse en pedazos
el cerebro
los ojos
los brazos
las piernas
no queda nada, la tierra

3
Cuerpo público

El gran teatro de mundo. Antología personal

I

Los cuerpos
como un gran océano navegan
en las urbes
sin encontrar el misterio de sus vidas
o de sus muertes
navegan como olas
que se confunden en la tierra
los cuerpos
se oscurecen a la velocidad de la historia

II

Nacemos
después de la copula y la guerra
sin tener razón o sacrificio
¿y el eclipse final de la piel?

III

Todavía tenemos una piel desnuda
entre nuestros dedos
una piel que se bifurca como serpiente
o águila escapando de la presa
todavía tenemos una piel para desafiar a la raza
tenemos una piel
que todavía hace temblar a la tierra

IV

Dónde está mi voz
-dijo un cuerpo-
dónde está mi lenguaje
mis palabras, mi lengua
y repitió solo
una y otra vez
tengo miedo

V

Mamíferos devoran a mamíferos
las balas se escuchan por todo lugar
los cuerpos hermosos son apostados
por los compradores
por los estafadores
los cuerpos hermosos se destruyen
los cuerpos hermosos son rifados
vendidos al mejor postor

VI

Cuerpos persiguen
lo que otro cuerpo nunca les dará
que persiguen metáforas
y poemas en la desdicha de la mano o de la razón
cuerpos que niegan todo a su paso
así sea otros cuerpos
que respiran
y la sonrisa llena el rostro oculto
pero prosigue el asesinato y la ira

VII

Beberé de tus palabras

la luz de nuestro origen
la herida que en tus manos
nunca cicatrizará

VIII

Nadie duerme en esta cama
pero aun así escucho a un cuerpo soñar
él habla con un lenguaje diferente
(a los despiertos)
no sé si está hablando con su otro yo
o con seres imaginarios de la noche

IX

Un río de palabras cruza mi lengua
yo las nombro
y el río desaparece
en la geografía del idioma

X

En una habitación hubo un asesinato
en la cama quedan restos de sangre
que intentan volver fielmente a sus cuerpos
aunque ya no puedan

XI

La sangre fluye, el semen
el amor natural y preso del instante
los cuerpos se estremecen
                      deliran
                              y se decoran lentamente
su final, su delirio, su sentencia

XII

Las calles son refugios imaginarios
selvas de colores, marihuana
lugares donde no se duerme ni se respira
los cuerpos prosiguen su marcha
es poco lo que podemos ver de este lado de las cosas
negar el idioma, negar la religión
negar el sentido, negar lo innegable

4
Cuerpo cerrado

I

Nunca tendremos los órganos tan sanos
nunca tendremos tantos cuerpos en la cama
nunca tendremos la esperanza ni los sueños
nunca tendremos la belleza
nunca escribiremos
nunca tendremos la edad ni los ojos iluminados
nunca tendremos los hijos
nunca tendremos el sol y la luna en cada mano
nunca tendremos esta piel
nunca tendremos los libros
nunca tendremos la salud y la fe
nunca seremos más hermosos que ahora

II

cuando alguien muere
-así sea un familiar o un desconocido-
mis ojos no lloran
me quedo en silencio
mirando el milagro de la muerte
hasta ver como el alma sale del cuerpo
-yo no digo nada-
para no asustar a los que lloran
lo que no saben es que su alma
ya viajó a otro lugar
siempre he creído
que la vida es destrucción
y un muerto es un hombre derrotado

III

La infancia
es un país enterrado
en el fondo de nuestra memoria
crecemos
vamos dejando
el país de la infancia
para llegar al país de la vejez
no hay escapatoria
los cuerpos que yacen
bajo tierra nos esperan

IV

La poesía es un tren que viaja
sin regreso
un cuchillo salvaje
que atraviesa mi cuerpo
la poesía es un ovni veloz
un pescado que muerde mis pies
y mis alas heridas
un delfín que salta de mi pecho
y se ahoga en mi desprecio
la poesía es un tren que viaja
sin regreso

V

a César Vallejo

Tus huesos se destruyen
en el cementerio de Montparnasse
y parece que todo se hubiese acabado
pero la vida sigue escupiendo fuego
la lepra crece
el odio es una bandera de mil colores
la política es un perro anacrónico
la locura es un virus que llega hasta tus pies
nuestros hermanos siguen cayendo
y nosotros sin palabras

VI

a Julio Cortázar

En su tumba había unas piedras
para sostener su cuerpo
Cortázar es un hombre
que no deja de crecer
le duele la espalda y toma mate
sus palabras son la melodía de un tango
-leímos en voz alta
nos abrazamos y me despedí-
ya no hay tiempo
para juegos ni rayuelas

VII

Los muertos habitan en el futuro
en otro país
en otro planeta muy lejano
no entendemos
el idioma de los muertos
ni podemos mirar
lo que está más allá del horizonte
ellos ya conquistaron el paraíso
no quieren volver
y hasta nos desprecian

VIII

Los cuerpos siguen bullendo
siguen respirando
siguen naciendo a la velocidad de la luz
cuerpos que se deleitan con el coito y el sexo
pero que no pueden remediar
el grito el holocausto y la muerte
cuerpos tienen sexo para parir
para satisfacer un órgano
que tienen en la entrepierna
como si fuera una isla lejos de las costas
del aroma y de la fuerza
una isla que está lejos de la mar
y de las olas violentas de la música
una isla que fluye como lanzas
en un ritual de espejos y de la sangre
la orina sale como testigo del clímax
y lo ahoga todo a su paso
el clímax es lo que interesa
y es lo que mueve el mundo de los cuerpos
en extinción
una isla que se pierde a los lejos

y que nunca será encontrada a las orillas
y que sólo se hundirá en los celos y en el olvido

IX

Cuerpos y cuerpos flotando en su nada
cuerpos y cuerpos navegando
en las olas del invierno y del fuego
olas que revientan en las paredes de la piel
y de las manos
cuerpos que nacen en tus manos
o en mis manos como dos alforjas
como dos palabras de un idioma perdido
por una lengua en desudo o confundida de la historia
cuerpos que se llenan de otros cuerpos
que apenas respiran
o que son violentados en la noche del sueño
y de las pesadillas

X

Nombres falsos que no interesan a los cuerpos
que tienen nombres para el sexo
y para que sean devorados por la entrepierna
deliciosa de un cuerpo nuevo y placentero
un cuerpo veloz como el tiempo equivocado
de un reloj ajeno, el alcohol y el tabaco
cuerpos que se citan en lugares ocultos
para la copula y el sueño de ser más que cuerpos
o ser un cuerpo más
y al final solo hayas a tu cuerpo seco
y más solo que al principio del deseo
XI

Cuerpos se violan
o ceden en las manos del asesino

del violador o de la puta de paso que no mira a los ojos
ni que besa, ni que recuerda el nombre falso que te dijo
a la hora de la cita o del poema

XII

Los cuerpos nacen de una cicatriz invisible
de la unión de dos cuerpos vacíos
de dos cuerpos anónimos
de dos cuerpos que se odian entre sí
¿quién rompió la piel, los huesos
el corazón, el hígado?
¿ya no hay un cuerpo sano?

XIII

Cuando muera mi cuerpo
no le pertenecerá a la muerte o a mi Dios
el cuerpo que se pudre
ya no me pertenece, no soy yo
yo salí a la velocidad de la luz
como un astronauta a un viaje espacial
el cuerpo del ataúd es de un impostor
un doble mío y será enterrado
varios metros bajo tierra
yo estaré mirando el mundo
desde el espacio
pero siempre estaré pensando en ti

Las águilas del adiós

*Escribir, ahora, únicamente para que sepan que un día dejé de existir;
que todo, encima y alrededor de mí, se tornó azul,
inmensa comarca vacía para que emprenda vuelo
el águila cuyas alas potentes, al aletear,
repiten hasta el infinito los gestos que marcan el adiós al mundo.*

Edmond Jabès

La sangre de los asesinos

La escritura enciende llamas en la habitación, me revela cosas que no deseo ver ni oír. Es una lámpara que se ilumina con la sangre de los asesinos y con las criaturas de la noche. Es un mapa que me transporta a cementerios de huesos y no tiene límites a la hora de señalar a los culpables. La escritura es un bosque que nos descifra las orillas de nuestra muerte.

Náufragos

Naufragamos a la intemperie de nuestras conciencias, a espaldas de la realidad de los huesos y de las razones. Naufragamos y no tenemos un ancla que nos ligue con la cordura. Las palabras son entes que la razón constantemente equivoca.

No hallaremos puerto.

Historias de infancia

Ella descansa en mi regazo y me cuenta historias de su infancia. Yo me la imagino con la carita redonda corriendo en busca de agua y alegría, sonriendo al ver a los payasos y a los regalos de cumpleaños. Abrazando a su madre y a sus distintos hermanos que nunca más volvió a ver, acurrucada en el ataúd de su padre y en la melancolía de su abuela. Ella descansa en mi regazo y me sigue contando historias de infancia, aunque poco a poco se duerma. Yo la veo allí sola débil abandonada y lloro por sus ojos.

Glóbulos rojos

Mi pupila la mira fijamente y la recrea en interminables siluetas azules. Mi ojo la desarrolla y le da una cierta vida ajena a la que tiene. Su cuerpo es un nombre resbaladizo que nunca se queda en mi memoria. Toco su piel y me doy cuenta que es cuerpo hermoso derrotado en el interior de su vestido desecho. Le doy respiración boca a boca pero ella no toma color ni respira, sus glóbulos rojos navegan en las aguas del delirio.

Rojos del deseo

Veo los ángeles caer sin alas y mutilados rojos del deseo desafiando las distintas ramas de la historia. Yo soy un testigo que la memoria terminará de borrar. Hay ángeles en esta habitación que me vigilan, cae un aguacero en la ciudad y nadie me descubre. Los ángeles siguen cayendo mutilados rojos del deseo y yo los numero en mi frente.

Las hojas del jardín

Las hojas de este jardín sufren de una extraña depresión, a ratos son amarillas cafés azules o sangre. No desean seguir respirando por sus pulmones verdes y su cerebro de clorofila ya no quiere inmovilizar el tiempo. Las hojas de este jardín no desean seguir viviendo, ni creen en la poesía.

En la penumbra de esta habitación

Veo el papel en blanco como veo tu cuerpo horizontal tendido en la cama. Miro la ventana con el perfil de mi ojo y solo alcazo a divisar pequeñas imágenes. Observo en la penumbra de esta habitación a dos cuerpos que descansan después del sexo. Veo las sábanas azules mojadas de placer, miro tu espalda y aún reconozco mis huellas digitales alrededor de tu piel. Veo una pintura perfecta entre tu piel y mi piel. Escribo, mi mano aún tiembla.

Estaré a tu lado

Descanso en tu hombro delicado y creo respirar en tu oído, a ratos puedo observar los sueños que esconden tu cerebro. Tus fantasías son sorprendentes tienes la alegría de la música y la tragedia de la poesía. Por eso tal vez estoy a tu lado para poder mirarte, descansar en tu hombro y para crear un puente entre tus fantasías y la realidad estrepitosa que vivimos.

Mis últimos deseos

La sangre que circula por mis venas ha tomado un nuevo rumbo. Mis últimos deseos humanos se ponen en duda. Explota uno de mis pulmones, mi hígado no funciona, mi estómago está derrotado -las pastillas no hacen efecto-. Creo que es hora de yacer en el cuadrado de la semilla de mi raza.

Hay objetos que los levantamos con la mirada

Hay objetos que los levantamos con la mirada que tienen un peso indefinido y son claros como el agua. Mañana serán oscuros como los dientes de lobos feroces, objetos que tienen nombres propios pero con el tiempo, se cambian de identidad. Objetos que tienen distintos colores dependiendo del ojo que lo mire, cambian de estatura de rasgos y de fisonomía. Nacen y mueren en silencio al igual que los hombres de nuestro tiempo.

Invocación a los muertos

En esta noche recuerdo a mis muertos. Los recuerdo como quien inmortaliza, el primer hueso de la pobreza, el pájaro verde de la historia, el lápiz que escribió por primera vez nuestros apellidos. Peces salvajes navegan en mi memoria y descubren la calavera que esconde la escritura de los vivos. En esta noche recuerdo a mis muertos, invoco sus fantasmas, enciendo la luz de las velas para recibirlos con mis brazos mutilados.

Un alacrán asesino

Te contemplo, miro tus instrumentos alucinantes, observo tu geometría imperfecta -que si fuera perfecta tal vez ya no existieras- huelo tu cuello detrás de tu cabello. Soy como un alacrán en una tela de ropa puro veneno y silencio; te contemplo como lo que eres un milagro en el espejo del tiempo. Observo tus manos inocentes acaricio la punta de tus dedos con total tranquilidad. Sé que el tiempo no está a mi favor, pero aún así no quiero perderte.

Mandíbulas de caballos

Hay noches que son palabras gigantes que tiemblan a la orilla de nuestras venas. Mandíbulas de caballos que parten y no regresarán. Abismos donde hombres y mujeres caen derribados como árboles destruidos. Bendecidos por la luz que no se apaga y que lo enciende todo. Hay noches que hombres sueñan y escriben por venganza o por destruir las esferas del poder que nos separan.

Murciélagos de otras épocas

I

Nos vamos quedando solos con los fantasmas que nos habitan, murciélagos estaciones de otras épocas. Sensaciones que nacen con la velocidad de la luz pero que mueren con el furor del orgasmo o del beso bajo el sol de los abandonados. Somos más consecuentes en nuestras divisiones que en el asesinato.

II

Transito en el poema como si estuviera a punto de caer al otro lado de la locura, mentes en llamas me nombran lo indescifrable y lo que mis ojos no miran. Varios árboles atraviesan mis pupilas y desde sus ramas me señalan la habitación donde mi cuerpo asesinado yace tendido en la cama. Mis piernas son dos pistolas que disparan cáncer desde su próstata, la pintura de las paredes de esta habitación arroja bestias cansadas. Animales sin fe y sin gloria me niegan el paso y la sangre.

III

Poco y nada sucederá desde que mis manos ya no son las manos de mi asesino, el poema se muere en mis párpados. El abrazo de mis seres queridos dura lo que una ola en el corazón de un tiburón.
El asesinato de la rosa

A veces cuando nos ocultamos en otras pieles ofrecidas bajo el manto de la lluvia o de la herida. Recordamos ese juego inocente de contar una y otra vez lo breve de nuestra casa de la infancia. Qué perdimos más allá de la alegría del planeta de lego, del ciervo y del asesinato de la rosa.

Tu cuerpo es la nieve

A nadie te me pareces en esta tarde tan caótica como audaz que arde en el interior de todos los riñones. A nadie te me pareces cuando duermes y en el sueño sueñas con mis dedos en tu cabello largo y hermoso. A nadie te me pareces cuando te miro y la oscuridad no llega y tu cuerpo es la nieve.

La máquina artificial

Las profecías anuncian el fin de la humanidad mientras me masturbo y callo. Es poco lo que puedo escribir desde este lado de las cosas, desde este mundo que soy en la intemperie del abecedario y de los espejos que me acosan. Anuncian que el mundo explotará yo miro a la mujer que amo le doy un abrazo. Pienso que es poco el tiempo que tenemos para ser felices en este mundo. Sé que pronto moriremos como este planeta enfermo que respira por una máquina artificial.

El lado más débil de mi cuerpo

Soy un apellido más que desaparece del género humano, unos papeles de identidad me delatan ante al asesino. No encuentro mi cabeza en este cuerpo que se esconde, que se irrita que se niega a sí mismo. Alguien ha muerto en el lado más débil de mi cuerpo, no reconozco su nombre ni su voz. El lado más fuerte de mi cuerpo se moviliza hacia el frente y escapa.

El llanto de los decapitados

Las muñecas sin cabezas me recuerdan el llanto de los decapitados, no importa si sufrieron de abandono de exceso de drogas o de problemas del corazón. Lloran su sangre de fin de mes e inundan todo de terror. Las muñecas sin cabezas siguen llorando por mis ojos.

11/9

Todavía hay aviones que explotan en las torres gemelas.

El ojo lo niega pero el corazón lo afirma.

El amor le pertenece a los suicidas.

El sueño de los desposeídos

Mis huesos ya cumplieron su misión de mantener en pie a esta calavera y a esta piel que se desgata con cada amante y en cada sábana. El universo es demasiado para un hombre como yo que sólo sabe beber, copular y negarse a vivir. Mis huesos ya cumplieron su mandato principal, ahora se rompe en pedazos y se prepara para dormir el sueño de los desposeídos.

Es mejor quemarse que morir lentamente

Kurt Cobain